Der Literat als Geschäftsmann

William Dean Howells

Writat

Diese Ausgabe erschien im Jahr 2023

ISBN: 9789359253411

Herausgegeben von
Writat
E-Mail: info@writat.com

BIBLIOGRAPHISCH

Vielleicht spürt der Leser in diesen Aufsätzen nicht die innere Solidarität, deren sich der Autor bewusst ist; und in diesem Zweifel möchte der Autor eine Erklärung abgeben. Er gibt zu, was er auch muss, dass sie wie eine Gruppe oberflächlicher Skizzen und Essays aussehen, ohne erkennbaren Bezug zueinander oder oberflächliche Bindung an ein zentrales Motiv. Dennoch wagt er die Hoffnung, dass der Leser, der sie durchblättert, sich im Nachhinein so etwas wie diese Beziehung und diese Treue bewusst wird.

Wenn ich mich mit dem Schriftsteller identifizieren möchte, der ihn hier verteidigt , konnte ich nie einen großen Unterschied zwischen dem, was mir Literatur vorkam, und dem, was mir Leben vorkam, erkennen. Wenn ich in dem, was sich als Literatur ausgab, kein Leben gefunden habe, habe ich seinen Beruf aufgegeben, und möglicherweise bin ich aufgrund dieser Gewohnheit, die mir jetzt innewohnt, des Lebens nie ganz sicher, wenn ich darin keine Literatur finde. Wenn mir das Gesehene nicht eine innewohnende Poesie offenbart und Phrasen anlegt, die es der Fantasie angenehm verkleiden, liegt es mir nicht besonders am Herzen; Aber wenn es das schafft, macht es mir nichts aus, wie arm, gemein oder schäbig es auf den ersten Blick aussieht: Es fordert meine Neugier heraus und bewahrt mein Mitgefühl. Ich liebe es sofort und möchte meine Freude daran mit jemand anderem teilen , oder mit so vielen anderen, wie ich sehen oder zuhören kann. Wenn es sich bei dem Ding um etwas Gelesenes und nicht um Gesehenes handelt, mache ich mir darüber keine Sorgen: Wenn es wie das Leben ist, weiß ich, dass es Poesie ist, und schließe es mir zu Herzen. Es kann darin keine Beleidigung geben, deren Wahrheit mich nicht wiedergutmachen würde.

Aufgrund dieser Art des Denkens und Fühlens über diese beiden großartigen Dinge, über Literatur und Leben, ist möglicherweise eine Verwirrung darüber entstanden, was was ist. Aber ich möchte sie nicht trennen, und in ihrer Vereinigung habe ich, seit ich meine Briefe gelernt habe, eine Freude in beiden gefunden, die hoffentlich anhalten wird, bis ich meine Briefe vergesse.

„So war es, als mein Leben begann;
so ist es, jetzt bin ich ein Mann; so sei es, wenn ich alt werde."

Für mich ist es der Regenbogen am Himmel; und ich habe selten einen Himmel ohne ein bisschen Regenbogen darin gesehen. Manchmal kann ich es anderen zeigen, manchmal nicht; Aber ich versuche es immer gern, und wenn es mir nicht gelingt , habe ich keinen schlimmeren Gedanken an sie, als dass ihre Augen nicht untersucht und ihnen keine Brille aufgesetzt wurde, die zumindest ihr Sehvermögen verbessert hätte.

Was den Ort und das Datum der verschiedenen Aufsätze angeht, in denen vermutlich ihre eigentliche Bibliographie liegt, muss ich nicht sehr genau sein. „The Man of Letters as a Man of Business" wurde im Mai 1892 oder 1893 in einem Hotel in Lakewood geschrieben und ziemlich schnell im Scribner's Magazine abgedruckt; „Confessions of a Summer Colonist" entstand im Herbst 1898 im Hafen von York für den Atlantic Monthly und war eine Studie über das Leben in diesem angenehmen Ferienort, wie er gelebt wurde – in den idyllischen Zeiten der früheren Siedlung, lange bevor es Motoren gab fast vor Privatkutschen; „American Literary Centers ", „American Literature in Exile", „Puritanism in American Fiction", „Politics of American Authors" waren zusammen mit drei oder vier anderen Artikeln die Bestrebungen des amerikanischen Korrespondenten der Literaturbeilage der London Times Erhellen Sie das britische Verständnis unserer Denk- und Schreibweisen vor elf Jahren und tragen Sie hier die Qualitätsmängel ihrer veralteten Aktualität im Jahr 1899. Die meisten Studien und Skizzen stammen aus einer ausgestorbenen Abteilung des „Lebens". und Briefe", das ich für Harper's Weekly erfunden habe und gegen Ende des 19. Jahrhunderts etwa ein Jahr lang betrieben habe. Bemerkenswert unter diesen ist „Last Days in a Dutch Hotel", das 1897 in Paris geschrieben wurde; Es ist eher einer meiner Favoriten, vielleicht weil mir Holland so gut gefallen hat; andere, die mehr oder weniger persönlich die Auswirkungen eines Aufenthalts in New York oder Ausflüge nach Neuengland erkennen, stammen aus derselben Abteilung; Einige sind dem erfahreneren Leser möglicherweise als Aufsätze aus dem „Editor's Easy Chair" in Harper's Monthly in Erinnerung; „Wild Flowers of the Asphalt" ist die Rezension eines immer wieder entzückenden Buches, das ich in Harper's Bazar gedruckt habe; „The Editor's Relations with the Young Contributor" war mein Versuch, bei Youth's Companion ein freundliches Licht aus meinen Erfahrungen auf beiden Seiten auf die allzu oft und unnötig verbitterten Seelen literarischer Anfänger zu werfen.

So ist es auch mit den Motiven und Ursprüngen der Sammlung, die trotz meiner gut gemeinten Bemühungen, eine Solidarität für sie zu schaffen, unter den Augen des Lesers weiter zerfallen kann. Die Gruppe bezeugt zumindest, auch in diesem Fall, die große, wilde Vielfalt meines literarischen Schaffens in Zeit und Raum. Von Anfang an ist mir die Unabhängigkeit des Journalisten von der Einsamkeit und Abgeschiedenheit des Gelehrten geblieben, und obwohl ich ein Büchergefolge, die dicht gedrängten Bände in den Bibliotheksregalen und die einladende Breite des Bibliothekstisches durchaus mag, bin ich nicht behindert durch die harten Bedingungen eines Schlafzimmers in einem Sommerhotel, oder die begrenzten Möglichkeiten eines Kerzenständers, ohne Wörterbuch im ganzen Haus, oder ein Nachschlagewerk selbst in den fließenden Bächen draußen. WD HOWELLS.

LITERATUR UND LEBEN

Der Literat als Geschäftsmann

Ich bin der Meinung, dass jeder Mensch ausnahmslos für seinen Lebensunterhalt arbeiten sollte, und dass die Gesellschaft ihm Arbeit geben und ihm einen Lebensunterhalt garantieren sollte, wenn er einmal seine Arbeitsbereitschaft bekundet hat. Ich glaube nicht, dass irgendein Mensch von einer Kunst leben sollte. Die Kunst sollte für den Menschen sein Privileg sein, wenn er seine Eignung für die Ausübung dieser Kunst unter Beweis gestellt und sich auch sonst sein tägliches Brot verdient hat; und seine Ergebnisse sollten für alle kostenlos sein. Es gibt ein instinktives Gespür dafür, selbst inmitten der grotesken Verwirrung unseres wirtschaftlichen Daseins; Die Menschen empfinden es als etwas Profanes, etwas Gottloses, Geld für ein Bild, ein Gedicht oder eine Statue zu nehmen. Das spürt vor allem der Künstler selbst. Gewiss, er tritt gegenüber der Welt kühn auf und stellt es unverschämt als Geschäft dar; aber er weiß sehr wohl, dass darin etwas Falsches und Vulgäres steckt; und dass die Arbeit, die nicht wirklich in Geld bepreist werden kann, nicht wirklich in Geld bezahlt werden kann. Er kann natürlich sagen, dass der Priester Geld dafür nimmt, den Trauungsgottesdienst zu lesen, das neugeborene Kind zu taufen und das letzte Gebet für die Verstorbenen zu sprechen; dass der Arzt Heilung verkauft; dass die Gerechtigkeit selbst bezahlt wird; und dass er lediglich ein Teil dessen ist, was ist und sein muss. Er kann sagen, dass er nicht leben kann, wenn er seine Kunst nicht verkauft, und dass die Gesellschaft ihn verhungern lassen wird, wenn er nicht mit einem Bild, einem Gedicht oder einer Statue ihren Geschmack trifft; und das alles ist bitter wahr. Er ist, und er muss es sein, nur zu froh, wenn es einen Markt für seine Waren gibt. Ohne einen Markt für seine Waren muss er zugrunde gehen oder sich der Herstellung von etwas zuwenden, das sich besser verkauft als Bilder, Gedichte oder Statuen. Dennoch bleiben die Sünde und die Schande bestehen, und das abgewandte Auge sieht sie immer noch, mit seinem inneren Blick. Viele werden etwas anderes glauben, aber ich möchte lieber nichts anderes glauben; und wenn ich versuche, über Literatur als Geschäft zu schreiben, bin ich versucht, zunächst zu sagen, dass Geschäft die Schmach der Literatur ist.

ICH.

Literatur ist zugleich die intimste und artikulierteste aller Künste. Sie kann ihre Wirkung nicht wie die anderen Künste über die Sinne oder die Nerven entfalten; es ist nur durch die Intelligenz schön; es ist der Geist, der zum Geist spricht; Solange es nicht absolut und von unveränderlicher Bedeutung ist, existiert es überhaupt nicht. Es kann diese Emotion nicht bei dem einen und jenem bei dem anderen wecken; Wenn es nicht genau die Meinung des Autors zum Ausdruck bringt, wenn es ihn nicht sagt , sagt es nichts und ist nichts. Wenn also ein Dichter sein ganzes Herzblut in ein Gedicht gesteckt und es an eine Zeitschrift verkauft hat, ist der Skandal größer, als wenn ein Maler ein Bild an einen Mäzen verkauft oder ein Bildhauer eine Statue auf Bestellung modelliert hat . Dies sind Künstler, die weniger artikuliert und weniger intim sind als der Dichter; sie stehen ihrer Arbeit eher nach außen; sie sind darin weniger persönlich; Sie trennen sich im Dicker von weniger von sich selbst. Es ändert nichts an der Natur des Falles, wenn man sagt, dass Tennyson, Longfellow und Emerson die Gedichte verkauft haben, in denen sie die mystischsten Botschaften formulierten, die ihr Genie der Menschheit überbringen sollte. Sie unterwarfen sich den Bedingungen, denen sich niemand entziehen kann; aber das rechtfertigt nicht die Bedingungen, die nichtsdestotrotz die Bedingungen von Krämern sind, weil sie den Dichtern auferlegt werden. Um meine Meinung ein wenig klarer zu machen, nehmen wir an, dass ein Dichter in der Liebe gescheitert ist oder einen echten Kummer erlitten hat, wie den Verlust einer Frau oder eines Kindes. Er schüttet sein gebrochenes Herz in Versen aus, die seinen Lesern Tränen des heiligen Mitgefühls entlocken, und ein Herausgeber zahlt ihm hundert Dollar für das Recht, sie auf seine Verse aufmerksam zu machen. Es ist völlig wahr, dass das Gedicht nicht für diese Dollars geschrieben wurde, aber es ist völlig wahr, dass es für sie verkauft wurde. Der Dichter muss seine Gefühle nutzen, um seine Lebensmittelrechnungen zu bezahlen; er hat keine anderen Mittel; Die Gesellschaft schlägt nicht vor, seine Rechnungen für ihn zu bezahlen. Und doch, und am Ende des Endes findet der unbedarfte Zeuge die Transaktion lächerlich, findet sie abstoßend, findet sie schäbig. Irgendwie weiß er, dass das Lied des Dichters der Welt geschenkt worden wäre, wenn unsere geschäftstüchtige Zivilisation nicht in jedem Moment gegen die ewige Eignung der Dinge verstoßen hätte, und dass sich die gesamte Menschheitsbruderschaft um den Dichter gekümmert hätte, wie es sich für jeden Menschen gehört Wer erfüllt die Pflicht, die jeder Mensch ihm schuldet?

Das instinktive Gefühl der Schande, die der Geldkauf der Kunst zufügt, ist so stark, dass manchmal ein Literat, der seinen Lebensunterhalt anders bezahlen kann, die Bezahlung seiner Arbeit verweigert, wie Lord Byron es eine Zeit lang aus edlem Stolz tat, und so weiter Graf Tolstoi hat es aus edlem Gewissen versucht. Aber Byrons Verleger profitierte von einer Großzügigkeit, die seine Leser nicht erreichte; und die Gräfin Tolstoi kassiert das Urheberrecht, auf das ihr Mann verzichtet; Man kann also sagen, dass diese beiden herausragenden Beispiele des Protests gegen das Geschäft in der Literatur ihre finanzielle Grundlage nicht erschüttert haben. Ich kenne keine anderen; aber es mag viele geben, von denen ich schuldhaft nichts weiß. Dennoch bezweifle ich, dass es genug gibt, um die Tatsache zu beeinflussen, dass Literatur sowohl Geschäft als auch Kunst ist, und zwar fast genauso schnell. Gegenwärtig ist das Geschäft die einzige menschliche Solidarität; Wir sind alle durch diese Kette miteinander verbunden, ganz gleich, welche Interessen, Vorlieben und Prinzipien uns trennen, und ich bin mir ziemlich sicher, dass ich, wenn ich über den Mann der Literatur als Mann der Wirtschaft schreibe, weit mehr Leser anziehen werde, als wenn ich über ihn schreibe ein Künstler. Außerdem hat er als Künstler schon viel getan; und ein Handelsstaat wie der unsere legt wirklich mehr Wert auf ihn als Geschäftsmann. Vielleicht kann es irgendwann anders sein; Ich glaube nicht, dass dies der Fall sein wird, bis die Bedingungen anders sind, und das ist noch weit entfernt.

II.

In der Zwischenzeit appelliere ich getrost an die Fantasie des Lesers mit der Tatsache, dass es unter uns mehrere Literaten gibt, die so gute Geschäftsleute sind, dass sie für alles, was sie schreiben, hundert Dollar pro tausend Wörter verlangen können. Es ist leicht, täglich tausend Wörter zu schreiben, und wenn man davon ausgeht, dass einer dieser Autoren regelmäßig arbeitet, kann man sehen, dass sein Nettoverdienst im Laufe des Jahres etwa die Summe erreichen würde, die der Präsident der Vereinigten Staaten erhält, wenn er weit kommt weniger Arbeit von viel vergänglicherer Art. Wenn der Literat ausschließlich ein Geschäftsmann wäre, würde Folgendes passieren; Er würde seine vierzig- oder fünfzigtausend Dollar im Jahr verdienen und in der Lage sein, gleichberechtigt mit Bankpräsidenten, Eisenbahnbeamten, reichen Händlern und anderen Blüten unserer Plutokratie umzugehen. Aber leider ist er aus geschäftlicher Sicht auch ein Künstler, und gerade die Qualitäten, die es ihm ermöglichen, das Publikum zu begeistern, hindern ihn daran, es ununterbrochen zu begeistern. „Keine Rose blüht gleich", wie die englischen Jungen in Oxford einen amerikanischen College-Studenten zu einem Thema sagen ließen, das sie sich für ihn in seinem nationalen Sprachgebrauch ausgedacht hatten; und der Literat kann als Künstler Zeiten und Jahreszeiten haben, in denen er nicht aufblühen kann. Sehr oft kommt es vor, dass sein Geist wochen- und monatelang zwischen Romanen oder Geschichten ruht; wenn die Vorschläge des freundlichen Herausgebers nicht zu den gewünschten Aufsätzen oder Artikeln führen; wenn die Muse sich gänzlich zurückhält oder nur mit einem schwachen Tropfen Verse antwortet, den sie zwar verkaufen könnte, den sie aber nicht auf den Markt bringen würde, wäre kein gutes Geschäft. Aber angenommen, er wäre ein sehr fleißiger und kontinuierlicher Arbeiter und so glücklich, sich auf ein Thema eingelassen zu haben, das ihn erfreut und vorantreibt, dann kann es sein, dass er mit dem Ergebnis seiner Arbeit so unzufrieden ist, dass er künstlerisch nichts anderes tun kann Gewissen zu zerstören, als die Arbeit eines Tages, einer Woche, eines Monats zu zerstören. Ich kenne einen Schriftsteller, der heute fast einen ganzen Sommer lang geschrieben und morgen zerrissen hat. Aber selbst wenn ein Teil der fehlerhaften Arbeit gerettet werden kann, weil es sich um eine gute, unangebrachte und nicht an sich schlechte Arbeit handelt, erfordert die Aufgabe der Rekonstruktion fast genauso viel Zeit wie die Produktion; und dann, wenn alles erledigt scheint, kommt der ängstliche und endlose Prozess der Überarbeitung. Diese Nachteile mindern die Verdienstmöglichkeiten dessen, was ich den teuren Literaten nennen möchte, in einem solchen Maße, dass ein Autor, dessen Name überall bekannt ist und dessen Ruf den Grenzen seines Landes entspricht, wenn er sie nicht überschreitet, dies tun wird Sie verfügen beispielsweise über das Einkommen eines aufstrebenden jungen Arztes, der nur wenigen Leuten in einer untergeordneten Stadt bekannt ist.

Angesichts dieser Tatsache, die für einen Autor in der Gegenwart einer Nation von Geschäftsleuten wie der unseren so demütigend ist, weiß ich nicht, ob ich den Literaten in der allgemeinen Wertschätzung schließlich doch als einen Geschäftsmann bezeichnen kann. Unter den Praktikern muss er noch einen niedrigen Rang haben; und er wird von der großen Masse der Amerikaner als vielleicht ein wenig abgefahren, ein wenig witzig, ein wenig sanft angesehen werden! Vielleicht nicht; und doch möchte ich in dieser Frage lieber keinen Konsens der öffentlichen Meinung erreichen; Ich denke, dass ich mich ohne wohler fühle.

III.

Verteidigung der Literaten auf der Geschäftsseite muss Folgendes gesagt werden: Die Literatur ist bei uns noch eine junge Branche, und weit davon entfernt, durch unsere Gesetze geschützt zu sein, war sie neunzig Jahre lang nach der Gründung des Unternehmens offengelegt Republik dem harten Wettbewerb der gestohlenen Waren ausgeliefert. Es ist wahr, dass wir jetzt endlich das internationale Urheberrecht haben und wir können zumindest beginnen, unsere Schande zu vergessen; aber literarisches Eigentum hat nach unseren ungerechten Gesetzen nur eine Lebensdauer von zweiundvierzig Jahren, und wenn es von Räubern angegriffen wird, sucht das Gesetz nicht nach den Angreifern und bestraft sie, wie es die Eindringlinge auf jede andere Art von Eigentum aufspüren und bestrafen würde ; Es bleibt dem geschädigten Eigentümer überlassen, Klage gegen ihn einzureichen und Schadensersatz zu verlangen, wenn er kann. Das mag an sich schon richtig sein; aber ich denke, dass alles Eigentum durch eine Zivilklage verteidigt werden sollte und nach zweiundvierzig Jahren Privatbesitz öffentlich werden sollte. Die Verfassung garantiert uns allen die Gleichheit vor dem Gesetz, aber die Gesetzgeber scheinen dies im Fall unserer Literaturindustrie vergessen zu haben. Solange dies so bleibt, können wir nicht erwarten, dass die besten Geschäftstalente in die Literatur gehen, und der Literat muss unter Geschäftsleuten seinen derzeitigen niedrigen Rang beibehalten.

Wie ich bereits angedeutet habe, hat er erst seit kurzer Zeit überhaupt Ansehen. Ich kann sagen, dass Literatur bei uns erst seit dem Bürgerkrieg zu einem Geschäft geworden ist. Vor dieser Zeit hatten wir Autoren, und zwar sehr gute; es ist erstaunlich, wie gut sie waren; aber ich erinnere mich an keinen von ihnen, der von der Literatur lebte, außer vielleicht an Edgar A. Poe; und wir alle wissen, wie er lebte; Es handelte sich größtenteils um Kredite. Sie waren entweder vermögende Männer, oder sie waren Redakteure oder Professoren, deren Gehälter oder Einkommen abgesehen von den kleinen Gewinnen ihrer Federn abwichen; oder sie wurden bei öffentlichen Ämtern unterstützt; man muss ihre Namen nicht durchgehen oder sie klassifizieren. Einige von ihnen müssen mit ihren Büchern Geld verdient haben, aber ich frage mich, ob irgendjemand von dem Geld, das ihm seine Bücher einbrachten, auch nur ganz einfach hätte leben können. Niemand könnte das jetzt tun, es sei denn, er hätte ein Buch geschrieben, das wir nicht als literarisches Werk erkennen könnten. Aber viele Autoren leben heute, und das ganz schön, vom Verkauf der Serienveröffentlichung ihrer Schriften an die Zeitschriften. Sie leben natürlich nicht so gut als erfolgreiche Handwerker oder als Männer in anderen Berufen, wenn sie anfangen, sich einen Namen zu machen; Der hohe Status von Maklern, Bankiers, Eisenbahnbetreibern und dergleichen geht naturgemäß über ihre kühnsten Träume von finanziellem Wohlstand und sozialem Glanz hinaus. Vielleicht wollen sie nicht die Hauptsitze in der Synagoge haben; es ist sicher, dass sie sie nicht bekommen. Dennoch schneiden sie im Großen und Ganzen ziemlich gut ab; und einige haben Einkommen, die der großen Masse würdiger Amerikaner, die ihren Lebensunterhalt mit Handarbeit verdienen, als Reichtum erscheinen würden – wenn sie die Arbeit bekommen können. Ihr Einkommen stammt hauptsächlich aus der Serienveröffentlichung in den verschiedenen Magazinen; und der Wohlstand der Zeitschriften hat einer ganzen Klasse Existenz beschert, die als Klasse unter uns vor dem Bürgerkrieg völlig unbekannt war. Es sind nicht nur die berühmten oder anerkannten Autoren, die auf diese Weise leben, sondern auch die viel größere Zahl kluger Leute, die bisher hauptsächlich den Herausgebern bekannt sind und die sich vielleicht nie an die Öffentlichkeit begeben, die es aber in gewisser Weise gut machen akzeptable Arbeit. Dies sind diejenigen, die nicht in den Zeitschriften nachgedruckt werden; aber die bekannteren Autoren werden nachgedruckt, und dann spricht ihr Serienwerk in seiner fertigen Form die Leser an, die sagen, dass sie keine Serien lesen. Die Zahl davon ist nicht groß, und wenn ein Autor seine Hoffnungen auf ihre Gunst setzen würde , wäre er ein viel verbitterterer Mann, als er es heute im Allgemeinen ist. Aber er versteht vollkommen, dass seine Belohnung in der Serie und nicht im Buch liegt; Der Ertrag daraus dürfte für ihn so viel Geld sein, wie er auf der Straße gefunden wurde – ein paar Hundert, höchstens ein paar Tausend, es sei denn, er ist der Autor eines historischen Liebesromans.

IV

Ich bezweifle tatsächlich, dass die Einkünfte von Literaten in irgendeinem der englischsprachigen Länder absolut so hoch sind wie zu Beginn des Jahrhunderts; Relativ gesehen sind sie bei weitem nicht so toll. Scott hatte 40.000 Dollar für „Woodstock", einen nicht sehr umfangreichen Roman, der keineswegs zu seinen besten zählte; und vierzigtausend Dollar hatten damals mindestens die Kaufkraft von heute sechzigtausend Dollar. Moore hatte dreitausend Guineen für „Lalla Rookh ", aber welcher Verleger wäre jetzt so voreilig, fünfzehntausend Dollar für das Meisterwerk eines unbedeutenden Dichters zu zahlen? Außer in sehr seltenen Fällen stellt das Buch keine vergleichbare Rückkehr zum Autor dar wie die Zeitschrift, und es gibt nur wenige führende Autoren, die in dieser Form der Veröffentlichung ihren Beitrag finden. Diejenigen, die dies tun, diejenigen, die in Buchform am häufigsten verkauft werden, sind bei den Herausgebern oft überhaupt nicht erwünscht; Es fällt ihnen schwer, eine Zeitschrift zu bekommen, die von einer großen Zeitschrift akzeptiert wird. Auf der anderen Seite gibt es Autoren, deren Bücher sich im Vergleich zu denen der Publikumslieblinge nicht verkaufen und die dennoch von den Herausgebern sehnsüchtig gesucht werden; Ihnen werden die höchsten Preise gezahlt, und nichts, was sie anbieten, wird abgelehnt. Dies sind literarische Künstler; Und aus dem, was ich sage, sollte klar hervorgehen, dass zumindest in der Belletristik der Großteil der besten Literatur jetzt zuerst in den Zeitschriften erscheint und die meisten der zweitbesten zuerst in Buchform erscheinen. Die altmodischen Leute, die sich auf ihre Auszeichnung schmeicheln, weil sie keine Zeitschriftenliteratur oder Zeitschriftenpoesie lesen, begehen einen großen Fehler und stellen sich einfach auf die Seite des Publikums, dessen Geschmack so grob ist, dass er nicht das Beste genießen kann. Dies gilt natürlich hauptsächlich, wenn nicht nur, für die Belletristik; Geschichte, Wissenschaft, Politik und Metaphysik sind trotz der vielen hervorragenden Artikel und Aufsätze dieser Art zu sogenannten „Notfallanlässen" immer noch in ihrer besten Form in Büchern zu finden. Das monumentalste Beispiel für Literatur, die gleichzeitig leicht und gut ist und erstmals in Buchform an die Öffentlichkeit gelangt ist, sind die verschiedenen Veröffentlichungen von Mark Twain; Aber Herr Clemens hat sich in letzter Zeit auch den Zeitschriften zugewandt und nimmt nun deren Prägezeichen an, bevor er in den allgemeinen Umlauf gelangt. All dies mag sich wieder ändern, aber derzeit sind die Zeitschriften – wir haben keine Rezensionen mehr – der direkteste Zugang zu jenem Teil unseres Lesepublikums, der die höchsten Dinge in der literarischen Kunst mag. Ihre Leser sind, wenn wir die Qualität der Literatur, die sie erhalten, beurteilen dürfen, gebildeter als die Buchleser in unserer Gemeinschaft; und ihr Geschmack wurde zweifellos durch den der disziplinierten und erfahrenen Herausgeber gepflegt. Soweit ich sie kenne, handelt es sich um Männer mit ästhetischem Gewissen und großzügigem Mitgefühl. Sie haben ihre Vorlieben für die verschiedenen Arten und sie haben ihre Theorie darüber, welche Art für ihre Leser am akzeptabelsten ist; aber sie üben ihre selektive Funktion mit dem Wunsch aus, ihnen das Beste zu geben, was sie können. Ich kenne keinen von ihnen – und ich hatte das Glück, sie fast alle zu kennen –, der einer minderwertigen Klasse von Lesern zuliebe etwas völlig Minderwertiges drucken würde , obwohl er aus diesem Grund manchmal etwas Gutes ablehnt Aus irgendeinem Grund glauben sie, dass es ihnen nicht gefallen würde. Doch selbst das kommt nicht oft vor; Sie riskieren lieber das Gute, an dem sie zweifelten, als das Urteil ihrer Leser zu unterschätzen.

Der junge Autor, der in einer erstklassigen Zeitschrift Anerkennung findet, hat einen doppelten Erfolg erzielt, zunächst beim Herausgeber und dann beim besten Lesepublikum. Viele erfundene und trügerische literarische Rufe wurden durch Bücher erlangt, aber nur sehr wenige wurden durch Zeitschriften erlangt, die nicht nur die beste Möglichkeit zum Leben, sondern auch zum Überleben mit dem Autor sind; sie sind ihm Brot und Ruhm zugleich. Wenn ich ein wenig auf den hohen Stellenwert betone, den diese moderne Form der Veröffentlichung in der literarischen Welt erfüllt, dann deshalb, weil ich das antiquierte und ignorante Vorurteil, das die Zeitschriften als vergänglich einstuft, nicht ertragen kann. Der Form nach sind sie vergänglich, aber inhaltlich sind sie nicht vergänglich, und das Beste an ihnen wartet auf seine Wiederauferstehung im Buch, das als erste Form so oft einen dauerhaften Tod bedeutet. Ein interessanter Beweis für den Wert des Magazins für die Literatur ist die Tatsache, dass ein guter Roman als Buch oft eine größere Akzeptanz findet als eine Zeitschriftenreihe.

V.

Unter dem „Regime" der großen literarischen Zeitschriften wäre der Wohlstand der Literaten viel größer, als er tatsächlich ist, wenn die Zeitschriften ausschließlich literarisch wären. Aber das ist nicht der Fall, und das ist einer der Gründe, warum die Literatur nach wie vor der hungrigste Beruf ist. Zwei Drittel der Zeitschriften bestehen aus Material, das zwar hervorragend, aber ohne literarische Qualität ist. Dies liegt höchstwahrscheinlich daran, dass selbst die höchste Leserschicht, nämlich die Zeitschriftenleser, eine geringe Vorliebe für reine Literatur hegt, die in allen Klassen offenbar immer weniger zugenommen hat. Ich sage „scheint", weil es wirklich keine Möglichkeit gibt, die Tatsache festzustellen, und es kann sein, dass die Herausgeber einen Fehler machen, wenn sie ihre Zeitschriften zu zwei Dritteln aus Populärwissenschaft, Politik, Wirtschaft und den aktuellen Themen machen, die ich Zeitgenossen nennen möchte . Aber wie auch immer das sein mag, ihre Bemühungen in dieser Richtung haben das Feld der literarischen Industrie eingeengt und die Hoffnung auf literarischen Wohlstand getrübt, die durch den beispiellosen Wohlstand ihrer Zeitschriften entfacht wurde. Sie bezahlen tatsächlich sehr gut für Literatur; Sie zahlen zwischen fünf oder sechs Dollar pro tausend Worte für das Werk des unbekannten Schriftstellers und einhundertfünfzig Dollar pro tausend Worte für das Werk des berühmtesten oder beliebtesten, wenn es einen Unterschied zwischen Ruhm und Popularität gibt; aber sie wollen insgesamt nicht genug Literatur, um das beste Geschäftstalent zu rechtfertigen, sich der Belletristik, Belletristik oder Poesie oder humorvollen Reiseskizzen oder leichten Essays zu widmen; Geschäftstalente können in den Bereichen Trockenwaren, Lebensmittel, Medikamente, Aktien, Immobilien, Eisenbahnen und dergleichen weitaus bessere Ergebnisse erzielen. Ich glaube nicht, dass die Gefahr einer verheerenden Konkurrenz dadurch auf dem Gebiet besteht, das uns armen Kerlen, deren unternehmerisches Talent im besten Fall gering ist, trotz seiner Enge so reich vorkommt.

Der größte Teil des in die Zeitschriften eingebrachten Materials ist Gegenstand einer Vereinbarung zwischen dem Herausgeber und dem Autor; es wird entweder vom Autor vorgeschlagen oder ist das Ergebnis eines Vorschlags des Herausgebers; In jedem Fall wird der Preis im Voraus festgelegt, und es ist nicht mehr üblich, dass ein bekannter Mitwirkender die Zahlung der Gerechtigkeit oder der Großzügigkeit des Herausgebers überlässt; Das war weder fair noch jemals klug. Normalerweise liegt der Preis bei tausend Wörtern, eine wirklich abscheuliche Methode zur Berechnung des literarischen Wertes und eine gut kalkulierte Methode, um dem Autor deutlich zu vermitteln, wie hasserfüllt es ist, seine Kunst überhaupt zu verkaufen. Es ist, als ob ein Maler sein Bild für so viel pro Quadratzentimeter verkauft hätte oder ein Bildhauer eine Gruppe von Statuen pro Pfund verkauft hätte. Aber es ist ein Brauch, dem man nicht immer mit Erfolg widersprechen kann, und die meisten Schriftsteller stimmen ihm gerne zu, wenn nur der Preis von tausend Wörtern hoch genug ist. Der Verkauf an den Herausgeber bedeutet nur den Verkauf der Serienrechte. Wenn der Herausgeber der Zeitschrift jedoch auch ein Buchverleger ist, soll die Wiederveröffentlichung des Materials sein Recht sein, es sei denn, es besteht eine gegenteilige Vereinbarung; Die Bedingungen dafür sind eine andere Sache. Früher konnte für den Autor durch das gleichzeitige Erscheinen seines Werkes in einer englischen Zeitschrift etwas mehr erreicht werden; Aber jetzt haben die großen amerikanischen Zeitschriften, die weitaus höhere Preise zahlen als alle anderen auf der Welt, in England eine Auflage, die die aller englischen Zeitschriften um ein Vielfaches übersteigt, dass die gleichzeitige Veröffentlichung von dieser Seite aus nicht mehr veranlasst werden kann, obwohl ich das glaube wird hier noch von der anderen Seite gemacht.

.

VI.

Ich denke, dass dies der Fall der Autorenschaft ist, wie sie jetzt in Bezug auf die Zeitschriften vorliegt. Ich bin mir nicht sicher, ob die Situation für junge Autoren in jeder Hinsicht besser ist. Alle Zeitschriften verfügen über ein Personal, das die Manuskripte sorgfältig prüft, aber da der Großteil des von ihnen gedruckten Materials engagiert ist, ist die Zahl der ehrenamtlichen Beiträge, die sie nutzen können, sehr gering; Einer der Größten von ihnen verbraucht, wie ich weiß, nicht fünfzig im Laufe eines Jahres. Der neue Autor muss also sehr gut sein, um angenommen zu werden, und wenn er angenommen wird, kann es sein, dass er lange warten muss, bis er gedruckt wird. Der Druck auf diese Wege zur Gunst der Öffentlichkeit ist so groß, dass Verzögerungen von ein, zwei oder drei Jahren keine Seltenheit sind. Wenn der junge Schriftsteller dafür nicht die Geduld hat oder eine Seele hat, die es nicht schafft, sich auf den Höfen des Ruhms abzukühlen, oder wenn er sein Bestes geben muss, um sofort etwas zu verdienen, ist das Buch seine unmittelbare Hoffnung. Ich habe bereits versucht anzudeuten, wie gering die Hoffnung des Buches ist, aber ob ein Buch vulgär genug im Gefühl, derb genug im Geschmack und protzig genug im Vorfall ist, oder, besser oder schlechter, wenn es ein bisschen heiß ist den Mund, und verspricht Unangemessenheit, wenn nicht Unanständigkeit, es besteht eine sehr gute Chance auf Erfolg; Damit meine ich nicht den Erfolg eines Verlags, der etwas auf sich hält, sondern den Erfolg des Publikums, das sich nicht persönlich dafür einsetzt und von ihm nicht offen belächelt wird. Ich werde jedoch nicht von dieser Art von Buch sprechen, sondern von dem Buch, das der junge Autor aus einem unverdorbenen Herzen und einem unbefleckten Geist geschrieben hat, wie es die meisten jungen Männer und Frauen schreiben; und ich gehe davon aus, dass es einen Verlag gefunden hat. Es liegt in der Natur des Menschen, da der Wettbewerb die menschliche Natur deformiert hat, dass der Verleger möchte, dass der Autor alle Risiken auf sich nimmt, und er schlägt möglicherweise vor, dass der Autor es auf eigene Kosten veröffentlicht und ihm einen Prozentsatz des Verkaufspreises überlässt für die Verwaltung. Wenn das nicht der Fall ist, schlägt er vor, dass der Autor für die Stereotypplatten aufkommt und fünfzehn Prozent davon erhält. vom Preis des Buches; oder wenn dies nicht gelingt, wenn der Autor es nicht tun kann oder will (er ist gewöhnlich nur allzu gerne bereit, alles zu tun, was er kann), dann bietet ihm der Verleger zehn Prozent an. des Verkaufspreises nach dem Verkauf der ersten tausend Exemplare. Aber wenn er voll und ganz an das Buch glaubt, wird er zehn Prozent geben. ab dem ersten verkauften Exemplar erwerben und sämtliche Veröffentlichungskosten selbst tragen. Das Buch soll für anderthalb Dollar im Einzelhandel erhältlich sein, und der Verleger ist nicht unzufrieden mit einem neuen Buch, das fünfzehnhundert Mal verkauft wird. Ob der Autor genauso viel Grund zur

Freude hat, ist fraglich, aber wenn sich das Buch nicht mehr verkauft , ist er selbst schuld und sollte die zweihundertfünfundzwanzig Dollar, die er dafür bekommt, lieber schweigend einstecken, und Gott segne ihn sein Verleger und versuchen, irgendwo Arbeit für fünf Dollar pro Woche zu finden. Der Verleger hat nicht mehr gemacht, wenn auch nicht ganz so viel wie der Autor, und bis ein Buch zweitausend Exemplare verkauft hat, ist die Aufteilung gerechtfertigt. Danach sind die höheren Herstellungskosten beglichen und das Buch macht weiter mit der Werbung für sich selbst; Es müssen lediglich die Kosten für Papier, Druck, Bindung und Marketing gedeckt werden, und die Vereinbarung wird für den Verlag immer gerechter. Darüber hat der Autor kein Recht, sich zu beschweren, wenn es um sein erstes Buch geht, für dessen Annahme er nur allzu dankbar ist. Wenn es gelingt, ist er selbst dafür verantwortlich, dass er bei seinem zweiten oder dritten Mann die gleiche Regelung getroffen hat; Es ist seine Schuld, oder es ist seine Notwendigkeit, was praktisch dasselbe ist. Es wird für den Verleger ein Geschäft sein, seine Not genauso auszunutzen, als ob es seine Schuld wäre; aber ich sage nicht, dass er das immer tun wird; Ich glaube, dass er das sehr oft nicht tun wird.

Früher schien es eine Möglichkeit zu geben, die Gewinne des Autors durch Abonnementveröffentlichungen zu vergrößern, und ein sehr bekannter amerikanischer Autor gedieh auf diese Weise sagenhaft. Der von den Abo-Händlern angebotene Prozentsatz war zwar nur etwa halb so hoch wie der vom Handel gezahlte, die Umsätze waren aber so viel höher, dass sich der Autor den Kauf durchaus leisten konnte. Wo der Buchhändler zehn verkaufte, verkaufte der Buchhändler hundert; oder zumindest tat er dies im Fall der Bücher von Mark Twain; und wir alle hielten es für vernünftig, dass er dies auch mit unserem tun könnte. Diejenigen von uns, die mit ihm experimentierten, fanden die Fakten jedoch unlogisch. Außer den Büchern von Herrn Clemens gab es kein Buch von literarischer Qualität, das im Abonnement erhältlich war, und ich glaube, diese wurden verkauft, weil das Abonnementpublikum nie wusste, was für gute Literatur es war. Diese Art von Lesern oder Käufern war es so gewohnt, für ihr Geld etwas Wertloses zu bekommen, dass sie es nicht für künstlerische Belletristik oder überhaupt für irgendeine Belletristik außer der von Herrn Clemens ausgab, die sie wahrscheinlich für schlecht hielten. Einige gute Reisebücher hatten bei den Buchhändlern zwar einen messbaren Erfolg, aber bei weitem nicht den erhofften Erfolg; und ich glaube, jetzt veröffentlicht der Abonnementhandel wieder nur Kompilationen oder solche Werke, die mehr dem Können des Herausgebers als der Kunst des Schriftstellers zu verdanken sind. Herr Clemens selbst bietet seine Bücher auf diese Weise nicht mehr der Öffentlichkeit an.

Ich glaube, es ist in diesem Land nicht üblich, über das Halbgewinnsystem zu veröffentlichen, aber in England ist es sehr verbreitet, wo es, wahrscheinlich aufgrund der Feuchtigkeit in der Luft, die jedem Interessenten einen märchenhaften Umriss verleiht, sehr verbreitet ist scheint besonders verlockend zu sein. Eines meiner frühen Bücher wurde dort zu diesen Bedingungen veröffentlicht, die ich mit der unbändigen Freude des jungen Autors akzeptierte, wenn er von einem Verlag irgendwelche Bedingungen bekam. Das Buch wurde verkauft, jedes Exemplar der kleinen Erstausgabe wurde verkauft, und rechtzeitig kam die Stellungnahme des Verlags. Ich hielt meine Hälfte des Gewinns nicht für sehr groß, aber es schien eine gerechte Aufteilung zu sein, nachdem alle erdenklichen Kosten auf mein schlechtes Buch angerechnet worden waren und dieses schwache Wagnis eingegangen war, um die Kosten für Komposition, Korrekturen, Papier usw. zu bezahlen. Druck, Bindung, Werbung und redaktionelle Kopien. Das Wunder hätte sein sollen, dass überhaupt etwas zu mir kam, aber ich war damals jung und gierig, und ich dachte wirklich, es hätte mehr geben sollen. Ich war enttäuscht, aber ich machte natürlich das Beste daraus und brachte die Rechnung zum Juniorpartner des Hauses, bei dem ich angestellt war, und sagte, dass ich gerne auf ihn zurückgreifen würde, um die Summe zu begleichen, die mir der Londoner Verlag schuldet. Er sagte: Gewiss ; aber nachdem er einen Blick auf das Konto geworfen hatte, lächelte er und sagte, er nehme an, ich wüsste, wie hoch die Summe sei? Ich antwortete: Ja ; Es waren elf Pfund und neun Schilling, nicht wahr? Aber ich musste gleichzeitig zugeben, dass ich nie gut mit Zahlen umgehen konnte und dass ich englisches Geld besonders verwirrend fand. Er lachte jetzt und sagte: Es waren elf Schilling und neun Pence. Tatsächlich gab es nach all diesen Gebühren für Komposition, Korrekturen, Papier, Druck, Bindung, Werbung und redaktionelle Kopien eine höchst raffinierte und völlig überraschende Gebühr von zehn Prozent. Provision auf Verkäufe, die meine Hälfte von Pfund auf Schilling reduzierte und die Hälfte des Verlegers im Verhältnis dazu beträchtlich erhöhte. Ich bestreite jetzt nicht die Berechtigung der Anklage. Es war nicht die Schuld des Halbprofitsystems; Es war die Schuld des frohen jungen Autors, der sich bei seiner Zustimmung nicht deutlich über die geheimnisvolle Natur des Buches informierte und sich nur Vorwürfe machen musste, wenn er schließlich enttäuscht wurde.

Aber es gibt immer etwas Enttäuschendes in den Berichten von Verlegern, was meiner Meinung nach eher daran liegt, dass die Autoren seltsam konstituiert sind, als daran, dass die Verleger so sind. Ich muss gestehen, dass ich so übertriebene Erwartungen an den Verkauf meiner Bücher habe, von denen ich hoffentlich bescheiden denke, dass die mir gemeldeten Verkäufe nie groß genug erscheinen. Das Urheberrecht, das mir zusteht, erscheint mir, egal wie schön es ist, beklagenswert gemein, und nachdem ich es erhalten habe, fühle ich mich mehrere Tage lang verarmt. Aber dann muss ich hinzufügen, dass mein Kontostand immer viel geringer ist, als ich angenommen hatte, und dass meine eigenen Schecks, wenn sie an mich zurückkommen, den Anschein erwecken, als wären sie an einer Verschwörung beteiligt gewesen, die darauf abzielte, mich zu verraten .

Nein, wir Literaten müssen lernen, egal wie sehr wir uns im Geschäftsleben rühmen, dass der Kummer, den wir durch die Berichte unserer Verleger empfinden, einfach idiopathisch ist; und ich für meinen Teil möchte mein Zeugnis für den stets guten Glauben und die Aufrichtigkeit der Verleger ablegen. Es wird angenommen, dass sie, weil sie die Angelegenheit vollständig in ihren Händen haben, dazu neigen, einen Vorteil daraus zu ziehen; aber das folgt nicht, und tatsächlich haben sie die Angelegenheit nicht mehr in ihren eigenen Händen als jeder andere Geschäftsmann, mit dem Sie eine offene Rechnung haben. Nichts hindert Sie daran, sich ihre Bücher anzusehen, außer Ihrem eigenen tiefsten Glauben und Ihrer Angst, dass ihre Bücher korrekt sind und dass Ihre Literatur Ihnen so wenig gebracht hat, weil sie sich so wenig verkauft hat.

Der Autor ist für seine oberflächliche gegenteilige Täuschung nicht verantwortlich, insbesondere wenn er ein Buch geschrieben hat, das alle zum Reden gebracht hat, weil es von lebenswichtigem Interesse ist. Es kann von lebenswichtigem Interesse sein, ohne überhaupt die Art von Buch zu sein, die die Leute kaufen möchten; Es kann sich um die Art von Buch handeln, die sie gern aus zweiter Hand kennen; es gibt so fatale Bücher; Aber wenn man so viel darüber hört und liest, kann der Autor nicht anders, als zu hoffen, dass es viel mehr verkauft hat, als der Verlag behauptet. Der Verleger ist jedoch zweifellos ehrlich, und der Autor sollte die tröstliche Frage nach seiner Integrität lieber beiseite lassen.

Die englischen Autoren scheinen ihre Verleger weitgehend zu verdächtigen; aber ich glaube, dass amerikanische Autoren, wenn sie nicht mit schmeichelhaften Rezensionen überhäuft werden, ihren weitgehend vertrauen. Natürlich gibt es in jedem Lebensbereich Schurken. Ich will nicht sagen, dass ich sie auf den blühenden Pfaden der Literatur jemals persönlich getroffen habe, aber ich habe von anderen Menschen gehört, die ihnen dort begegnet sind, genauso wie ich von Menschen gehört habe, die Geister gesehen haben, und ich muss sowohl an die Schurken als auch an die Geister glauben , ohne das Zeugnis meiner eigenen Sinne. Ich gehe vor allem aus diesen Gründen davon aus, dass es böse Verleger gibt, aber im Fall unserer Bücher, die sich nicht verkaufen, fürchte ich, dass die unhöfliche und undankbare Öffentlichkeit weitaus mehr dafür verantwortlich ist als die schlechtesten Verleger . Es ist wahr, dass Verlage hart verhandeln, wenn sie können oder müssen; aber es gibt nichts, was einen Autor daran hindern könnte, auch einen harten Handel zu treiben, wenn er kann oder muss; und vom Verleger kann man sagen, dass er immer eher bereit ist, sich an die Vereinbarung zu halten, wenn sie geschlossen wird, als der Autor; vielleicht, weil er das Beste davon hat. Aber er hat nicht immer das Beste davon; Ich habe Verleger erlebt, die zu großzügig waren, um die Unschuld der Autoren auszunutzen; und ich stelle mir vor, dass Verleger, wenn sie mit einer Rasse zu tun hätten, die weniger zurückhaltend ist als Autoren, einen Ruf der Selbstlosigkeit erlangt hätten, den sie jetzt genießen . Es ist sicher, dass es in der langen Zeit, in der wir die schwarze Flagge der Piraterie hissten, unter unseren Korsaren auf den hohen Meeren der Literatur viele gab, die einen fairen Preis für die fremden Schiffe zahlten, die sie beschlagnahmten; noch häufiger entfernten sie die Ladung und gaben ihre Beute mit einer mehrwöchigen Versorgung frei; und obwohl es zweifellos eine Menge tatsächlicher Kehlendurchschneidungen und Selbstverhauen gab, bin ich mir dennoch sicher, dass es weniger davon gab als in jedem anderen Geschäftszweig, der der uneingeschränkten Plünderung des Nachbarn überlassen wurde. Lange Zeit herrschte sogar ein Mitgefühl unter diesen liebenswürdigen Freibeutern, die sich darauf einigten, sich nicht gegenseitig zu stören, und es ihnen so ermöglichten, ihren Opfern einen Teil des Gewinns aus ihren gestohlenen Waren auszuzahlen. Von allen Geschäftsleuten sind Verleger wahrscheinlich die treuesten und ehrenhaftesten und werden an Tugend nur dann übertroffen, wenn gebildete Männer Geschäftsleute werden.

VII.

Verleger haben ihre kleinen Theorien, ihren kleinen Aberglauben und ihren blinden Glauben an den großen Gott Chance, den wir alle verehren. Diese Dinge bringen sie in Versuchung und ins Unglück, aber als Geschäftsleute scheinen sie ziemlich gut zu sein, sogar in ihrem eigenen Namen. Sie verdienen nicht mehr als die üblichen 95 Prozent. von Misserfolgen, und mehr Verleger als Autoren werden reich.

Einige Theorien oder Aberglauben teilen Verleger und Autoren gemeinsam. Einer davon ist, dass es am besten ist, wenn Sie Ihre Bücher alle in den Händen eines Verlags halten, denn dann kann er ihnen mehr Aufmerksamkeit schenken und mehr davon verkaufen. Aber meine eigene Erfahrung ist, dass sich meine Bücher, als sie in den Händen von drei Verlagen waren, genauso gut verkauften wie wenn einer sie hatte; und ein Mitautor, an den ich mich wegen dieser ehrwürdigen Überzeugung wandte, lachte darüber. Dieser kühne Ketzer hielt es für das Beste, jedes neue Buch einem neuen Verleger zu geben, denn dann habe der neue Mann seine ganze Energie darauf verwendet, es voranzutreiben; aber wenn man sie alle zusammen hätte, ruhte der Verleger in der vergeblichen Gewissheit, dass ein Buch ein anderes verkaufen würde und dass das neue Unternehmen das öffentliche Interesse an den veralteten Büchern wiederbeleben würde. Ich wusste nie, dass das passieren würde; und ich muss es dem Aberglauben des Gewerbes zuordnen. Das mag in anderen und beständigeren Ländern so sein, aber in unserer launischen Republik muss sich jedes einzelne Buch seinen Weg zur öffentlichen Gunst erkämpfen, ganz so, als ob es keinerlei literarische Abstammung hätte. Natürlich ist das eine ziemlich weitreichende Aussage, und die Wahrheit wird eher innerhalb als außerhalb meiner Aussage zu finden sein; aber es steckt zumindest genug Wahrheit darin, um den jungen Autor zum Nachdenken zu bringen. Während man sich darauf vorbereitet, seinen Glaskorb zu verkaufen, kann man sich genauso gut fragen, ob es besser ist, alles an einen Händler zu verkaufen oder nicht; Und wenn er den falschen Eindruck macht und den imaginären Kunden verschmäht, der um die Gunst bittet, die gesamte Aktie zu übernehmen, ist das seine Schuld und nicht die Schuld des Kunden.

Die wichtigste Frage überhaupt ist für den Literaten als Geschäftsmann jedoch die, welche Art von Buch sich am besten verkauft, denn letzten Endes verkauft sich ein Buch von selbst oder verkauft sich überhaupt nicht; Küssen gilt nach langen Überlegungen und viel Bildung immer noch als Zeichen der Gunst, und obwohl unzählige Generationen von Pferden zum Wasser geführt wurden, wurde noch kein einziges Pferd zum Trinken gebracht. Auch beim besten oder schlechtesten Willen der Welt kann kein Verlag die Akzeptanz eines Buches erzwingen. Werbung nützt nichts und Bewertungen sind bekanntermaßen sinnlos. Wenn das Buch nicht die allgemeine Aufmerksamkeit erregt oder ein allgemeines Interesse behandelt, das keineswegs tiefgreifend oder wichtig sein muss, werden die Trommeln und Becken umsonst geschlagen. Das Buch mag eines der besten und weisesten Bücher der Welt sein, aber wenn es nicht diese Art von Anziehungskraft hat, wird es nur wenige Leser und, noch schlimmer, die Käufer geben, wenn auch geeignet. Das Geheimnis liegt wie bei den meisten anderen Geheimnissen einer ziemlich lächerlichen Welt in der schrecklichen Kontrolle des Schicksals, und wir können nur hoffen, es durch einen glücklichen Zufall zu überraschen. Eine Überraschung daraus zu planen, ein Buch auf die Gunst der Öffentlichkeit auszurichten , ist das hoffnungsloseste aller Unterfangen, da es eines der unwürdigsten ist; und ich kann weder als Literat noch als Geschäftsmann dem jungen Autor raten, es zu tun. Das Beste, was Sie tun können, ist, das Buch zu schreiben, das Ihnen am meisten Freude bereitet, so viel Herzblut wie möglich hineinzustecken und dann so sehr wie möglich zu hoffen, Herz und Seele zu erreichen der großen Schar deiner Mitmenschen. Das, und das allein, ist für einen Literaten ein gutes Geschäft.

Der Literat muss sich darüber im Klaren sein, dass in den Vereinigten Staaten das Schicksal eines Buches in den Händen der Frauen liegt. Die Frauen bei uns haben die meiste Freizeit und lesen die meisten Bücher. Sie sind größtenteils weitaus gebildeter als unsere Männer, und ihr Geschmack, wenn nicht sogar ihr Geist, ist kultivierter. Unsere Männer lesen die Zeitungen, aber unsere Frauen lesen die Bücher; die gebildeteren unter ihnen lasen die Zeitschriften. Wenn sie nicht immer wissen, was gut ist, wissen sie doch, was ihnen gefällt, und es ist sinnlos, über ihre Entscheidungen zu streiten, denn es gibt keinen Rechtsbehelf von ihnen. Von ihnen zu den Männern zu gelangen, würde bedeuten, von einem höheren zu einem niedrigeren Gericht zu wechseln, das ehrlich gesagt überrascht und verwirrt wäre, wenn die Sache möglich wäre. Wie gesagt, der Autor leichter Literatur und oft auch der Autor solider Literatur muss sich mit der Dunkelheit abfinden, es sei denn, die Damen erkennen ihn. Dennoch wäre es unmöglich, ihre Gunst für diese oder jene Art vorherzusagen. Wer könnte es einem anderen prophezeien, wer könnte es selbst erraten? Wir müssen blind danach streben und irgendwie hoffen, dass unser Bestes auch unser Schönstes sein wird; Aber wir müssen uns gleichzeitig daran erinnern, dass es nicht der Damenmann ist, der der Favorit der Damen ist.

Natürlich gibt es einige, sehr wenige unserer größten Autoren, die es ohne die Hilfe der größten Leseklasse unter uns auf den ersten Platz in unserer Walhalla geschafft haben; aber ich würde sagen, dass dies hauptsächlich die Humoristen waren, für die Frauen angeblich keine große Sympathie hegen, und die wie wir im Allgemeinen durch die Zeitungen aufgetaucht sind und nie die Gunst der Zeitungsleser verloren haben. Sie sind sozusagen zu

Literaten geworden, ohne dass die Zeitungsleser es wussten; Aber diejenigen, die sich der Literatur aus einer anderen Richtung näherten, erlangten darin vor allem durch die Gnade der Frauen Berühmtheit, die sie zuerst lasen; und ließen sie dann von ihren Ehemännern und Vätern vorlesen. Vielleicht wäre es also aus geschäftlichen Gründen gut für einen ernsthaften Autor, wenn er feststellt, dass er den Frauen nicht gefällt und ihnen wahrscheinlich nie gefallen wird, zum humorvollen Autor zu werden und auf das Gesicht der Frauen zu zielen Männer. Außer als Humorist wird er es sicherlich nie verstehen, denn Ihr Amerikaner, wenn er kein Geld verdient oder es nicht versucht, macht einen Witz oder versucht es zu tun.

VIII

Ich hoffe, dass ich nicht angedeutet habe, dass der Autor, der sich der Literatur durch Journalismus nähert, kein ebenso guter und hoher Literat ist wie der Autor, der direkt oder auf einem anderen Weg dorthin gelangt; Ich habe nicht die geringste Ahnung, mich durch ein solches Urteil zu verurteilen. Aber ich denke, es ist ziemlich sicher, dass sich immer weniger Autoren vom Journalismus der Literatur zuwenden, obwohl die „entente cordiale" zwischen den beiden Berufen so groß zu sein scheint wie eh und je. Ich glaube, auch wenn ich mich darin vielleicht ebenso irre wie in vielen anderen Dingen, dass die meisten Journalisten von Anfang an Literaten gewesen wären, wenn sie es gekonnt hätten, und dass die Freundlichkeit, die sie jungen Autoren fast immer entgegenbringen, eine große Herausforderung darstellt Auswirkung des Selbstmitleids, das sie wegen ihres eigenen vereitelten Wunsches, Autoren zu sein, empfinden. Wenn ein Autor erst einmal warm im Sattel sitzt und auf seinem geflügelten Pferd zum Ruhm reitet, ist der Fall anders: Dann haben sie oft keine Gefühle für ihn; Er ist nicht länger das Abbild ihres eigenen jungen Strebens, und sie würden bereitwillig zusehen, wie Pegasus unter ihm nachgibt, oder ihn auf andere Weise in Kummer und Schande bringen lassen. Sie neigen dazu, ihn für seine unheiligen Gewinne zu rüsten, und sie hätten völlig Recht damit, wenn sie ihm irgendeine Möglichkeit vorschlagen würden, ohne sie zu leben; Wie ich bereits zu Beginn eingestanden habe, sind die Gewinne unheilig. Anscheinend ist es unziemlich, wenn zwei oder drei Autoren mit ihrer Feder nur halb so viel verdienen, wie populäre Minister oft als Gehalt erhalten; die Öffentlichkeit ist an den finanziellen Wohlstand einiger Geistlicher gewöhnt und sieht darin zumindest nichts Komisches; Aber der Paragraph kann bei seinen Lesern immer ein Lächeln hervorrufen, wenn er die krasse Diskrepanz zwischen den zehntausend Dollar, die Jones für seinen Roman bekommt, und den fünf Pfund, die Milton für sein Epos bekommt, sieht. Ich habe immer gedacht, dass Milton zu wenig bezahlt wurde, aber ich gebe zu, dass er überhaupt nicht hätte bezahlt werden dürfen, wenn es dazu kommt. Ich sage noch einmal , dass kein Mensch von irgendeiner Kunst leben sollte; es ist eine Schande für die Kunst, wenn nicht für den Künstler; aber bisher gibt es für den Künstler keine Möglichkeit, anders zu leben und als Künstler weiterzumachen.

Der Literat hat im Allgemeinen sicherlich nichts gegen den Zeitungsmann einzuwenden. Ich habe oft mit Erstaunen an die Freundlichkeit gedacht, die die Presse unserem ganzen unwürdigen Handwerk entgegenbringt, und an die Hilfe, die aufstrebenden und sogar aufstrebenden Autoren so großzügig und großzügig gewährt wird. Um es grob und brutal auszudrücken: Ich glaube nicht, dass irgendein anderes Unternehmen so viel unentgeltliche

Werbung erhält, außer das Theater. Der Raum, den die Zeitungen literarischen Notizen, literarischen Ankündigungen, Rezensionen, Interviews, persönlichen Absätzen, Biografien und allem anderen einräumen, ist enorm, ganz zu schweigen von den heftigen und scharfen Angriffen, die von Zeit zu Zeit auf verschiedene Autoren gerichtet sind Meinungen zu Romantik, Realismus, Kapitalismus, Sozialismus, Katholizismus und Sandemanismus . Ich habe manchmal daran gezweifelt, ob sich die Öffentlichkeit so sehr um das Ganze gekümmert hat, wie die Redakteure es ihnen gegeben haben, aber ich habe das immer leise gesagt, und ich habe dankenswerterweise meinen Anteil an der gemeinsamen Belohnung erhalten. Eine merkwürdige Tatsache ist jedoch, dass diese enorme Publizität in den Zeitungen offenbar kaum etwas mit der Popularität eines Autors zu tun hat, sondern eher mit seiner Berühmtheit. Einige dieser seltsamen unterirdischen Kerle, die nie in den Zeitungen an die Oberfläche kommen, abgesehen von einem verächtlichen Absatz in langen Abständen, verkaufen sich besser als die berühmtesten Berühmtheiten und besitzen heimlich ihre Pferde, Yachten und Landsitze, während unbescheidene Verdienste übrig bleiben etwa zu Fuß und schauen Sie sich im Sommer die günstigeren Hotels an. Das ist wahrscheinlich richtig, sonst würde es nicht passieren; es scheint im allgemeinen Schema zu liegen, wie Millionärismus und Pauperismus; Aber es stellt sich dann die Frage, ob die Zeitungen trotz all ihrer Freundschaft zur Literatur und ihrer tatsächlichen Großzügigkeit gegenüber Literaten einem wirklich viel zum Glück verhelfen können, so sehr sie einem auch zum Ruhm verhelfen können. Eine solche Frage ist fast zu schrecklich, und obwohl ich sie gestellt habe, werde ich nicht versuchen, sie zu beantworten. Ich würde viel lieber über die Frage nachdenken, ob die Zeitungen, wenn sie einen Autor hervorbringen können, ihn auch wieder abschaffen können, und ich bin ziemlich sicher, wenn ich sagen kann, dass ich nicht glaube, dass sie das können. Sobald der Afreet aus der Flasche kommt, kann er nie mehr zurückgelockt oder zurückgedrängt werden ; und der Autor, den die Zeitungen gemacht haben, kann von den Zeitungen nicht gelöscht werden. Vielleicht könnte er es, wenn sie ihn in Ruhe ließen; Aber die Kunst, das Geschöpf Ihrer Gunst in Ruhe zu lassen, wenn es Ihre Gunst verloren hat, steckt in den Zeitungen noch in den Kinderschuhen. Mit einem Gerücht, das das Land erfüllt, überlassen sie ihn der Vergessenheit und besuchen ihn dort immer wieder mit einem Aufruhr, der immer mehr Aufmerksamkeit auf sich zieht. Ein Autor, der sich seit langem ihrer Gunst erfreut, verliert sie plötzlich und auf ziemlich mysteriöse Weise, etwa durch seine Meinung zu bestimmten Fragen des literarischen Geschmacks. Fünf oder sechs Jahre lang wird er mit einer Einmütigkeit und einem scharfen Nachdruck angezeigt, der ihn davon überzeugen sollte, dass etwas nicht stimmt. Wenn er denkt, dass es seine Zensoren sind, hält er mit beständiger Konsequenz an seinen Meinungen fest, während Spott, Schimpfwörter, Karikaturen, Burlesken, kritische

Widerlegungen und persönliche Herabwürdigungen schonungslos auf jeden Ausdruck folgen, zum Beispiel auf seine Überzeugung, dass romantische Fiktion das ist höchste Form der Fiktion, und dass die niederträchtige, schmutzige, fotografische, alltägliche Schule von Tolstoi, Tourgunief , Zola, Hardy und James keinen Vergleich mit der Schule von Rider Haggard einen Moment wert ist. All dies sollte den betreffenden Autor sicherlich aus der Fassung bringen, aber das ist nicht wirklich der Effekt. Langsam aber sicher verstummt der Lärm, und der Autor bleibt scheinbar ganz, ohne eine seiner bösen Ansichten aufzugeben oder sich in irgendeiner Weise reuig zu zeigen; und er kehrt sogar in gewissem Maße zur alten Freundlichkeit zurück – zwar nicht zu den früheren Tagen völlig glatter Dinge, aber sicherlich zu so viel davon, wie er verdient.

Ich möchte den jungen Autor aus diesem imaginären Fall nicht haben; Ich glaube, dass es gut ist, entweder vor Gericht zu gehen oder sich der guten Meinung der Presse zu widersetzen. Tatsächlich ist es nicht nur ein besserer Geschmack, sondern auch ein besseres Geschäft, wenn er es ganz aus seinem Kopf verbannt. Es gibt nur einen, dem er gefahrlos gefallen kann, und das ist er selbst. Wenn er dies tut , wird er höchstwahrscheinlich anderen Menschen gefallen; aber wenn er sich selbst nicht gefällt, kann er sicher sein, dass er ihnen nicht gefallen wird; Das Buch, das er nicht gerne geschrieben hat, wird niemandem Freude bereiten, es zu lesen. Dennoch möchte ich nicht, dass er dem Einfluss der Presse zu wenig Bedeutung beimisst. Ich sollte sagen: Lassen Sie ihn die Berühmtheit, die er dadurch erhält, dankbar, aber nicht zu ernst nehmen; Lassen Sie ihn darüber nachdenken, dass er oft eher die Notwendigkeit als das Ideal des Paragraphen darstellt und dass die Bekanntheit, die ihm die Journalisten verleihen, nicht der Maßstab für ihre Vertrautheit mit seinem Werk ist, geschweige denn seine Bedeutung. Sie sind gute Kerle, diese hartnäckigen, armen Kerle der Presse, aber die Bedingungen ihrer Kritik, ob freundlich oder unfreundlich, verbieten ihre Gründlichkeit, und oft muss mehr Eifer als Wissen darin stecken.

IX.

Es gibt einige Arten leichter Literatur, die einst sehr gefragt waren, heute aber offenbar nicht mehr von Zeitschriftenredakteuren gewünscht werden, die wissen sollten, was ihre Leser wollen. Darunter befindet sich auch die Reiseskizze, die mir sehr gefällt und deren Verfall wirklich zu bedauern ist. Es gibt einige Gründe für seinen Rückgang, abgesehen von einem veränderten Geschmack der Leser und einer möglichen Übersättigung. Das Reisen selbst ist so universell geworden, dass in gewisser Weise jeder überall war und die fremde Szene nicht mehr den Charme des Fremden hat. Wir halten die Alte Welt weder für so romantisch noch für so lächerlich wie früher; und vielleicht appellieren Schriftsteller aufgrund einer instinktiven Wahrnehmung dieser veränderten Stimmung nicht mehr an unsere Gefühle oder unseren Humor mit Skizzen ausgefallener Menschen und Orte. Dies kann natürlich nur allgemein gelten; Die Sache ist immer noch erledigt, aber nicht annähernd so viel wie früher. Wenn man an die lange Reihe amerikanischer Schriftsteller denkt, die mit dieser Art große Freude hatten und die damit sogar ihren ersten Ruhm erlangten, muss man traurig darüber sein, dass sie veraltet ist. Irving, Curtis, Bayard Taylor, Herman Melville, Ross Browne, Warner, Ik Marvell, Longfellow, Lowell, Story, Mr. James, Mr. Aldrich, Mr. Hay, Mrs. Hunt, Mr. CW Stoddard, Mark Twain und viele andere, deren Namen mir im Moment nicht einfallen, haben auf ihre verschiedene Art und Weise reichlich zu unserer Freude daran beigetragen; aber ich kann mir jetzt nicht vorstellen, dass ein junger Autor bei einem Herausgeber für eine Reiseskizze oder eine Studie über fremde Sitten und Gebräuche Gefallen findet; seine Arbeit musste von größter Bedeutung und Brillanz sein, um das Gefühl des Herausgebers zu überwinden, dass die Sache bereits erledigt sei; und ich glaube, dass ein Verleger, wenn ihm ein Buch mit solchen Dingen angeboten würde, es schief betrachten und sich auf die wohlbekannte Stille der Branche berufen würde. Dennoch kann es sein, dass ich mich irre.

Ich bin eher zuversichtlich, was den Niedergang einer anderen literarischen Spezies betrifft – nämlich des leichten Essays. Wir haben genug Aufsätze, um bestimmte nüchternere und ernstere Aufsätze zu ersparen, wie zum Beispiel die Auseinandersetzung mit Problemen und den Umgang mit Zuständen; Aber die Art, die ich meine, die leicht humorvolle, sanfte, raffinierte und menschliche Art, scheint nicht mehr so reichlich vorhanden zu sein wie früher. Ich weiß nicht, ob der Herausgeber sie ablehnt, da er den Rahmen seiner Leser kennt, oder ob sie sich nicht anbieten, aber ich finde sie selten in den Zeitschriften. Ich glaube das sicherlich nicht, wenn überhaupt jemand Würden sie nun Aufsätze wie Warners Backlog Studies schreiben, würde ein Herausgeber sie ablehnen; und vielleicht schreibt sie niemand wirklich. Niemand scheint so zu schreiben, wie Colonel Higginson früher für die Zeitschriften beitrug oder wie Emerson. Ohne einen großen Namen dahinter würde ein Aufsatzband meiner Meinung nach nur wenige Käufer finden, selbst nachdem die Aufsätze in den Zeitschriften veröffentlicht wurden. Natürlich gibt es auch gegenteilige Beispiele, aber sie sind nicht so zahlreich oder so auffällig, dass ich denken könnte, dass der Aufsatz eine gute Einstiegsmöglichkeit für Geschäftstalente sein könnte.

Ich vermute, dass gute Poesie aus namhaften Händen in den Zeitschriften nie besser bezahlt wurde als jetzt. Ich muss auch sagen, dass ich denke, dass die Qualität der kleinen Poesie unserer Zeit besser ist als die von vor 25 oder 30 Jahren. Ich könnte ein halbes Dutzend junger Dichter nennen, deren Werke mir von Zeit zu Zeit große Freude bereiten, wegen der Echtheit ihres Gefühls und der zarten Perfektion ihrer Kunst, aber ich werde sie nicht nennen, aus Angst, mehr als ein halbes Dutzend davon zu übergehen andere ebenso verdienstvoll. Wir haben sicherlich keinen Grund, entmutigt zu sein, aus welchem Grund auch immer die Dichter selbst sein mögen, und ich glaube nicht, dass unsere jüngeren Autoren selbst bei Kurzgeschichten bessere Arbeit leisten als bei den einfacheren Versformen. Doch die Idee, Geschäftstalente in diesen Bereich einzuladen, wäre ebenso absurd wie die Idee, sie zu bitten, sich dem Aufsatz zu widmen. Welches Versbuch eines neueren Dichters, wenn wir von einem so besonders begabten Dichter wie Mr. Whitcomb Riley absehen, hat seine Kosten bezahlt, ganz zu schweigen von einem Gewinn für den Autor? Natürlich wäre es weitaus beleidigender und lächerlicher, wenn dies so wäre, als wenn jede andere Form der literarischen Kunst dies tun würde; Und doch gibt es in unserem Wirtschaftssystem nicht mehr Vorkehrungen für die Unterstützung des Dichters außerhalb seiner Gedichte als für die Unterstützung des Romanciers außerhalb seines Romans. Man könnte mit dem Schreiben von Gedichten nicht mehr Geld verdienen als mit dem Schreiben von Geschichte, aber es ist eine merkwürdige Tatsache, dass die Historiker normalerweise reiche Männer waren und sich den Luxus leisten konnten, Geschichte zu schreiben, die Dichter jedoch normalerweise arme Männer waren Es gibt keine finanzielle Rechtfertigung für ihre Hingabe an einen Beruf, der so selten eine Wahl ist.

Allerdings kann man für sie sagen, dass es viel weniger kostet, einen Dichter zu gründen als einen Historiker. Es fallen keine Kosten für das Kopieren von Dokumenten, den Besuch von Bibliotheken oder den Kauf von Büchern an. Tatsächlich hat der Literat, in welchem Beruf auch immer, außer als Historiker nicht nur nicht die Ausgaben anderer Geschäftsleute, sondern auch nicht die Ausgaben anderer Künstler. Er hat nicht die gleichen Ausgaben für Materialien, Modelle oder Ateliermieten wie der Maler oder Bildhauer, und sein Einkommen, so wie es ist, ist unmittelbar. Wenn er mit dem ersten Angebot, das er anbietet, die Aufmerksamkeit des Redakteurs auf sich zieht, was durchaus möglich ist, dann ist es bei ihm genauso gut wie bei anderen Männern nach langen Lehrjahren. Obwohl er immer der Bessere für eine Ausbildung sein wird, und je länger die Ausbildung, desto besser, kann es sein, dass er praktisch überhaupt keine braucht. So sind die seltsamen Bedingungen seiner Akzeptanz beim Publikum, dass er ohne sie besser zufrieden sein kann als mit ihr. Das erste Buch eines Autors ist allzu oft nicht nur sein glücklichstes, sondern wirklich sein bestes. Es hat eine Helligkeit, die unter der Schule, der er sich anschließt, erlischt, aber ein Maler oder Bildhauer ist nur der Gewinner aller Schulen, die er sich selbst geben kann.

X.

Angesichts dieser Tatsache wird es erneut sehr schwierig, den Status des Autors in der Geschäftswelt festzustellen, und manchmal habe ich ernste Zweifel, ob er überhaupt dorthin gehört, außer als Romanautor. Für ihn ist diese Art natürlich kein Aufwand, genauso wenig wie jede andere Art von Literatur, aber sie setzt zumindest ein gewisses Maß an Vorbereitung voraus und fordert sie. Ein junger Schriftsteller kann einen brillanten und sehr perfekten Liebesroman schreiben, genauso wie er ein brillantes und sehr perfektes Gedicht schreiben kann, aber auf dem Gebiet der realistischen Fiktion, oder in dem, was wir früher den Sittenroman nannten, kann ein Schriftsteller nur einen … schreiben Von Anfang an ein minderwertiges Buch. Für diese Arbeit braucht er Erfahrung und Beobachtung, nicht so sehr von anderen, sondern von sich selbst, denn letztendlich werden seine Charaktere alle aus ihm selbst hervorgehen, und er muss Motiv und Charakter mit einer solchen Gründlichkeit und Genauigkeit kennen, wie er es nur durch seine eigenen Fähigkeiten erreichen kann eigenes Herz. Ein Mensch bleibt sich selbst in gewissem Maße fremd, solange er lebt, und die eigentlichen Quellen der Neuheit in seinem Werk werden in ihm selbst liegen; Er kann ihr nur dadurch Frische verleihen, dass er sich selbst immer besser kennt. Aber ein junger Schriftsteller und ein ungeschulter Schriftsteller hat noch nicht einmal begonnen, sich mit dem Leben anderer Menschen vertraut zu machen. Die Welt um ihn herum bleibt ebenso ein Geheimnis wie die Welt in ihm, und beide entfalten sich gleichzeitig zu der Erfahrung von Freude und Leid, die nur im Laufe der Zeit entstehen kann. Bis er weit über vierzig ist, wird er kaum den Stoff eines großen Romans in sich aufgenommen haben, obwohl er ihn vielleicht zusammengetragen hat. Der Romanschriftsteller ist also ein Literat, der in der Notwendigkeit, sich auf seinen Beruf vorzubereiten, wie ein Geschäftsmann ist, obwohl er keine Ladenmiete zahlt und, wie man so sagt, alle seine Angelegenheiten unter seinem Hut tragen kann. Er ist der Einzige unter den Literaten, der sich auf einen solchen kontinuierlichen Wohlstand freuen kann, der sich aus der Fähigkeit und dem Fleiß in anderen Berufen ergibt; Denn das Geschichtenerzählen ist heute ein ziemlich anerkanntes Gewerbe, und der Geschichtenerzähler hat in der Wirtschaftswelt einen hohen Stellenwert. Das ist meiner Meinung nach kein sehr hohes Ansehen, und ich habe die Überzeugung zum Ausdruck gebracht, dass es ihm nicht den Respekt einbringt, den man Männern in anderen Branchen entgegenbringt. Dennoch kann unser Volk einem Mann, der hundert Dollar pro tausend Worte bekommt oder dessen Buch fünfhunderttausend Exemplare oder weniger verkauft, eine gewisse Rücksichtnahme nicht verweigern. Das ist eine Tatsache, die für die Wirtschaft von Bedeutung ist, und der Literat der Belletristik mag vernünftigerweise das Gefühl haben, dass sein Platz in unserer Zivilisation, auch wenn er ihn vielleicht den Frauen verdankt, die die große Masse seiner Leser bilden, etwas von diesem Charakter hat eines begründeten Interesses in den Augen der Menschen. Tatsächlich gibt es noch kein Verschwörungsgesetz, das den Versuch, ihn in seinem Geschäft zu schädigen, rächen würde. Ein Kritiker oder eine dunkle Beschwörung von Kritikern kann ihm nach Belieben und im Rahmen ihrer Macht Schaden zufügen, und ihm bleibt nichts anderes übrig, als bessere oder schlechtere Bücher zu schreiben. Das Gesetz wird ihm nichts nützen, und ein Boykott seiner Bücher könnte mit Immunität von jeder Klasse von Männern gepredigt werden, die seine Meinung zur Frage der Industriesklaverei oder der Anti-Pädobataufe nicht mag . Dennoch ist der Markt für seine Waren stabiler als der Markt für jede andere Art literarischer Waren, und die Preise sind besser. Der Historiker, der eine Art minderwertiger Realist ist, hat auf dem Markt ungefähr die gleiche Stabilität, aber die Preise, die er erzielen kann, sind viel niedriger, und die beiden Zweige des Romanschriftstellerberufs sind geschäftlich nicht zu vergleichen. Was den Essayisten, den Dichter, den Reisenden , den Populärwissenschaftler angeht, so konkurrieren sie nirgends um die Gunst der Leser. Der Rezensent hat in der Tat einen recht festen Anspruch an seine Arbeit, aber ich glaube, die Rezensenten, die hundert Dollar pro tausend Worte bekommen, könnten alle auf der Spitze einer Nadel stehen, ohne sich gegenseitig zu überdrängen; Ich würde sie lieber dabei sehen. Eine weitere erfreuliche Tatsache der Situation ist, dass die besten Belletristikautoren, die bei den Zeitschriften am gefragtesten sind, wahrscheinlich fast so viel Geld für ihre Arbeit bekommen wie die minderwertigen Romanautoren, die sie um Zehntausende übertreffen und die sie ansprechen die unzählige Schar weniger gebildeter und weniger kultivierter Käufer von Belletristik in Buchform. Ich denke, sie verdienen ihr Geld, aber wenn ich nicht glauben würde, dass alle Romanautoren der höheren Klasse so viel Geld verdienten, wie sie bekommen, wäre ich nicht so neidisch, diejenigen zum Vorwurf zu machen, die das nicht taten.

Die Schwierigkeit bei der Bezahlung besteht, wie ich bereits angedeutet habe, darin, dass Literatur eigentlich keinen objektiven Wert hat, sondern nur einen subjektiven Wert, wenn ich es so ausdrücken darf. Ein Gedicht, ein Essay, ein Roman, sogar ein Aufsatz über politische Ökonomie kann für den einen Leser unermesslich viel wert sein, für den anderen jedoch überhaupt nichts. Es kann für eine Stimmung des Lesers wertvoll und für eine andere Stimmung desselben Lesers wertlos sein. Wie soll dann der Preis festgelegt und fair vermarktet werden? Alle Menschen müssen ernährt werden, und alle Menschen müssen bekleidet werden, und alle Menschen müssen untergebracht werden; und so sind Fleisch, Kleidung und Unterkunft Dinge von positiver und offensichtlicher Notwendigkeit, die angemessenerweise mit einem Marktpreis belegt werden können. Aber es gibt leider keine so positive und offensichtliche Notwendigkeit für die Fiktion oder nicht für die höhere Art der Fiktion. Die Art von Belletristik, die in der Literatur dem Zirkus und dem Varietétheater im Showbusiness entspricht, scheint für die geistige Gesundheit der Massen wesentlich zu sein, aber die gebildetsten Schichten können von Zeit zu Zeit ohne einen künstlerischen Roman auskommen . Das ist sehr schade, und ich wäre sehr bereit, wenn die Leser so etwas wie Hunger und Kälte verspüren, wenn sie ihrer schöneren Fiktion beraubt werden; aber anscheinend tun sie das nie. Ihr stummes und passives Bedürfnis kann sich nur negativ äußern oder in Form von Müdigkeit gegenüber diesem oder jenem Autor auftreten. Der Buchverleger kann dies anhand der rückläufigen Umsätze eines Autors feststellen; Aber der Herausgeber einer Zeitschrift, der der beste Kunde der besten Autoren ist, muss den Markt mit einem viel feineren Gespür spüren. Manchmal kann es Jahre dauern, bis er sich davon überzeugen kann, dass seine Leser Smith satt haben und sich nach Jones sehnen; selbst dann kann er nicht wissen, wie lange ihre Stimmung anhalten wird, und er ist keineswegs sicher, den Preis von Smith zu senken und den von Jones zu erhöhen. Beim besten Willen der Welt, gerecht zu zahlen, kann er das nicht. Smith, der seine Leser ein Jahr lang zu Tode gelangweilt hat, könnte morgen etwas schreiben, das ihnen so gut gefällt, dass er sofort wieder einer der Hauptfavoriten sein wird; und Jones, nach dem sie gefragt haben, könnte etwas so Untypisches und Fremdartiges tun, dass es in der Zeitschrift ein glatter Fehlschlag sein wird. Das Einzige, was einem der beiden Autoren einen positiven Wert verleiht, ist seine Akzeptanz beim Leser; aber die Annahme ist von Monat zu Monat völlig ungewiss. Bei den Autoren handelt es sich größtenteils um Modefragen, wie zum Beispiel diesen Haubenstil oder diese Form des Kleides. Letzten Frühling wurden die Kleider alle aus Spitzen-Berthas gefertigt, und Smith wurde gelesen; Dieses Jahr werden die Schmetterlingsumhänge getragen und Jones ist der Lieblingsautor. Wer soll die Herbst- und Wintermodi vorhersagen?

XI.

Bei dieser Untersuchung geht es mir immer um den Autor und nicht um den Verleger, immer um den Mitwirkenden und nicht um den Herausgeber. Ich untersuche die Schwierigkeiten des Herausgebers und Herausgebers nur, weil sie den Autor und den Mitwirkenden betreffen; Wenn sie es nicht täten, würde ich nicht sagen, mit welcher Härte ich mich von ihnen abwenden würde; Mein einziger Schmerz bei der Untersuchung der Geschäftsbedingungen der Literatur betrifft jetzt die Hersteller von Literatur, nicht deren Lieferanten.

Ist der Literat trotz meines stolzen Titels jemals ein Geschäftsmann? Ich gehe davon aus, dass er genau genommen nie einer ist, außer in den seltenen Fällen, in denen er aus Notwendigkeit oder Wahl sowohl Herausgeber als auch Autor seiner Bücher ist. Dann bringt er etwas auf den Markt und versucht es dort zu verkaufen, und ist ein Geschäftsmann. Ansonsten aber ist er lediglich ein Künstler und mit der großen Masse der Lohnarbeiter verbündet, die für die Arbeit bezahlt werden, die sie in die getane oder hergestellte Sache gesteckt haben; die davon leben, eine Sache zu tun oder herzustellen, und nicht davon, eine Sache zu vermarkten, nachdem ein anderer Mann sie getan oder hergestellt hat. Die Qualität der Sache hat nichts mit der wirtschaftlichen Natur des Falles zu tun; Der Autor ist letzten Endes nur ein Arbeiter und steht unter der Herrschaft, die das Leben des Arbeiters regiert. Wenn er krank oder traurig ist und nicht arbeiten kann, wenn er faul oder beschwipst ist und es nicht will, dann verdient er nichts. Er kann sein Geschäft nicht an einen Sachbearbeiter oder Manager delegieren; es wird nicht so weitergehen, während er schläft. Der Lohn, den er verlangen kann, hängt ausschließlich von seiner Geschicklichkeit und seinem Fleiß ab.

Ich selbst bereue das weder, noch schäme ich mich; Ich bin froh und stolz, zu denen zu gehören, die ihr Brot im Schweiß ihres eigenen Angesichts essen und nicht im Schweiß des Angesichts anderer Männer. Ich glaube, mein Brot ist dadurch süßer. In der Zwischenzeit kann ich den Geschäftsleuten keine Vorwürfe machen; Sie sind ebenso wenig vom Zustand der Dinge betroffen wie wir Arbeiter; sie haben nichts mehr getan, um es zu verursachen oder zu erschaffen; aber ich wäre lieber an meiner Stelle als an ihrer, und ich wünschte, ich könnte allen meinen Künstlerkollegen klar machen, dass sie wirtschaftlich dasselbe sind wie Mechaniker, Bauern, Tagelöhner. Es sollte unsere Ehre sein, dass wir etwas hervorbringen, dass wir etwas auf die Welt bringen, was vorher nicht anspruchsvoll da war; dass wir zumindest etwas neu gestalten oder gestalten; und wir sollten das Band, das uns mit allen Werktätigen in der Werkstatt und auf dem Feld verbindet, nicht als eine zermürbende Kette, sondern als ein mystisches Band spüren, das uns auch mit Ihm verbindet, der bisher und in Ewigkeit wirkt. Ich weiß sehr gut, dass wir Künstler für die große Schar unserer Arbeitskollegen nur Schatten von Namen sind, oder nicht einmal Schatten. Ich mag es, den Tatsachen ins Auge zu sehen, denn obwohl ihre Umrisse oft schrecklich sind, gibt es nirgendwo sonst Licht; und ich werde in diesem Sinne nicht so tun, als ob die Massen sich mehr um uns kümmern würden als wir um die Massen, oder zumindest so sehr. Dennoch und am deutlichsten: Wir gehören nicht zu dieser Klasse. Außer bei unserer Arbeit haben sie für uns keinen Nutzen; Wenn sie hin und wieder Lust haben, ihre materielle Pracht oder ihre geistige Trägheit durch künstlerische Präsenz zu qualifizieren, ist der Versuch immer ein Misserfolg, der verletzt und beschämt. Insofern der Künstler ein Mann von Welt ist, ist er umso weniger ein Künstler, und wenn er sich der Mode orientiert, verformt er seine Kunst. Wir alle kennen diesen grässlichen Typ; es ist noch absurder als die Figur, die wirklich von der Welt ist, die in ihr geboren und aufgewachsen ist und sich nichts außerhalb oder über ihr vorstellt. Sowohl in der sozialen Welt als auch in der Geschäftswelt ist der Künstler unter den tatsächlichen Bedingungen ungewöhnlich und vielleicht ein wenig lächerlich.

Dennoch muss er irgendwo sein, der arme Kerl, und ich denke, dass er gut daran tun wird, sich selbst als in einem Übergangszustand zu betrachten. Er gehört wirklich zu den Massen, aber sie wissen es nicht, und was noch schlimmer ist, sie kennen ihn nicht; Noch hört ihn das gemeine Volk weder gern noch überhaupt. Er gehört offenbar zur Klasse; sie kennen ihn und hören ihm zu; er amüsiert sie oft sehr; aber er fühlt sich unter ihnen nicht ganz wohl; Ob sie es wissen oder nicht, er weiß, dass er nicht von ihrer Art ist. Vielleicht wird er nirgendwo auf der Welt zu Hause sein, solange es Massen gibt, mit denen er verkehren sollte, und Klassen, mit denen er nicht verkehren kann. Die Aussichten sind für keinen heute lebenden Künstler großartig, aber vielleicht wird der Künstler der Zukunft im Fleisch die Verwirklichung jener menschlichen Gleichheit sehen, deren Instinkt göttlich in die menschliche Seele eingepflanzt wurde.

LESEZEICHEN DES PG-HERAUSGEBERS:

Künstler haben Jahreszeiten, wie Bäume, in denen er nicht blühen kann. Buch, das sie gerne aus zweiter Hand kennen. Geschäft, um seine Bedürfnisse auszunutzen. Konkurrenz hat die menschliche Natur deformiert. Bedingungen, die Krämer den Dichtern aufzwingen. Das Schicksal eines Buches liegt in den Händen der Frauen Gott des Zufalls führt sie in Versuchung und Widrigkeit. Historiker, der eine Art minderwertiger Realist ist. Ich glaube nicht, dass irgendein Mensch nach einer Kunst leben sollte. Wenn er nicht Freude am Schreiben hat, wird niemand Freude am Lesen haben. Unangemessenheit, wenn nicht, verspricht literarischen Erfolg. Literatur schön Nur durch die Intelligenz hat Literatur keinen objektiven Wert. Literatur ist sowohl Geschäft als auch Kunst. Der Mensch ist sich selbst fremd, solange er lebt. Männer lesen die Zeitungen, aber unsere Frauen lesen die Bücher. Darin liegt mehr Eifer als Wissen. Die meisten Journalisten wären literarische Männer gewesen wenn sie es könnten. Niemals ganz sicher im Leben, wenn ich darin keine Literatur finde. Kein Mensch sollte von irgendeiner Kunst leben. Keine Rose blüht entlang unserer geschäftigen Zivilisation. Ein Publikum, dessen Geschmack so grob ist, dass es die besten Ergebnisse der Kunst nicht genießen kann, sollte für alle frei sein Die Belohnung der Rezensenten liegt in der Serie und nicht im Buch – Schurken des 19. Jahrhunderts in allen Lebensbereichen. Es gibt wenig Liebe zur reinen Literatur. Zwei Zweige des Romanautorenberufs: Romanautor und Historiker. Warners Backlog Studies. Arbeit, die nicht wirklich in Geld eingepreist ist, kann nicht wirklich bezahlt werden in Geld